AF390114

L'ENFANT

DU

BORDEL.

L'ENFANT

DU

BORDEL.

TOME PREMIER.

11,012.

———

A PARIS.

═══

M. D. CCC.

L'ENFANT

DU

BORDEL.

CHAPITRE PREMIER.

LE fils du potentat comme celui du savetier sont l'ouvrage d'un coup de cul, et tel occupe un trône qui doit la naissance au laquais qui le sert. Grands de ce monde, ne vantez pas si haut votre illustre origine, car moi qui vous parle, je suis père d'un duc et de deux marquises ; et que suis-je cependant ? l'enfant du bordel.

Ma création fut le coup d'essai d'un page de seize ans, beau comme l'amour, et d'une petite marchande de modes de quinze, fraîche comme la plus jeune des Grâces.

Le comte de B..... mon père, étoit depuis un mois dans les pages du roi. Elevé en province par son père, janséniste outré, il avoit, en arrivant à Versailles, la pudicité d'une Agnès ; mais un mois de la vie de page lui fit perdre sa précieuse innocence ; ses chastes confrères surent si bien l'endoctriner, que quinze jours après son arrivée la théorie de l'amour n'avoit plus rien de nouveau pour lui. Au bout d'un mois de service, il eut deux jours de liberté, et prenant pour compagnon d'armes un de ses camarades plus instruit que lui, il vint à Paris pour mettre en pratique les précieuses leçons que l'on avoit gravées dans son cœur.

Le projet de nos deux étourdis étoit d'abord, d'aller à un bordel situé rue St.-Martin, vis-à-vis la rue Grenier-St.-Lazare : ils arrivèrent par la rue Michel-le-Comte; déjà ils appercevoient de loin à une des fenêtres du chaste couvent, une ex - beauté qui montroit aux passans les trois quarts de ses flasques tettons qui, repliés et soutenus par un large ruban, sembloient avoir un air de fraîcheur que démentoit la figure jaune et maigre de la Vénus à vingt - quatre sous par tête. La beauté plâtrée se voyant fixée par deux jeunes gens, leur sourit; ils y répondent : elle leur fait un signe de tête et quitte la fenêtre; ils s'élancent, ils vont franchir le seuil de la porte ; tout - à - coup Théodore , c'est le nom de mon père , Théodore , dis - je , retient son camarade... Qui peut les empêcher de satisfaire leur desir?... qui? une petite marchande de modes qui est sur le pas de sa boutique.

Imaginez ce que la nature peut ormer de plus mignard et de plus séduisant, et vous aurez une idée de la jolie Cécile ; quinze ans , de grands cheveux blonds , un de ces minois arrondis qui prolonge l'enfance , même au-delà du terme ordinaire ; petite mais formée , des contours moëlleux, une gorge naissante qu'un double linon voiloit exactement, sans cependant en cacher la forme ; voilà ce que Théodore apperçut du premier coup-d'œil, et ce qui lui fit dédaigner la beauté bannale et ses charmes flétris. Ah ! la charmante créature, s'écria Théodore ! A quel endroit, lui dit son camarade ? — Ici. — Cette petite marchande de modes ? — Oui. — En effet, elle n'est pas mal.—Oh ! qu'un aussi aimable enfant doit être délicieux à voir tout nu. — Bah ! souvent ce que cache le linge ne vaut pas la peine d'être vu. — Je suis certain que celle-ci est parfaite de toutes les manières. — Je conçois qu'une jolie petite motte bien brune doit relever encore les charmes de cette jolie blonde. — Moi j'aimerois mieux que cette charmante motte fût blonde. — Je suis certain qu'elle est brune. — Je suis persuadé qu'elle est blonde. — Parions. — Parions. Et voilà nos deux étourdis à parier un déjeûné à discrétion que les appas secrets de Cécile étoient recouverts d'une perruque blonde ; mais comment s'en éclaircir ! Après un instant d'incertitudes l'ami de mon père lui dit : Je m'en rapporte à toi, et je suis certain que tu auras assez de bonne foi pour convenir si tu as perdu. — Parole d'honneur. — En ce cas regarde. Alors sans s'embarrasser des suites, il s'élance auprès de Cécile, la saisit par un pied, la fait tomber moitié dans la boutique et moitié dans la rue ; relève lestement ses jupons presque sur la figure, se sauve et disparoît.

Mon père qui suivoit son ami de près vit des beautés qui devoient faire d'autant plus d'impression sur ses sens et sur son cœur, que c'étoit la première fois que les appas secrets d'une femme étoient offerts à ses yeux. Il vit aussi que son ami avoit deviné juste quant à la couleur de la motte, et que la charmante blonde, loin d'y perdre, y gagnoit au contraire de nouveaux charmes.

Cependant un coup-d'œil avoit suffi à mon père pour faire ses découvertes ; mais l'immobilité de Cécile qui restoit exposée aux regards du peuple l'alarma. Il la recouvrit, elle étoit sans connoissance ; il la prit dans ses bras, la rentra dans la boutique, ferma la porte, et tira les rideaux ; les curieux qui crurent que Théodore étoit de la maison s'éclipsèrent peu-à-peu, et laissèrent mon fortuné père avec sa jolie proie.

L'état de Cécile demandoit de prompts

prompts secours ; mon père voulant la desserrer, détacher le voile qui couvroit son sein, Dieux ! quel spectacle pour lui ! une gorge naissante qui auroit pu le disputer en blancheur à la neige, sans la légère teinte rosée qui corrigeoit ce que les lys avoient de trop blanc, et empêchoit qu'on ne les prît pour deux blocs de marbre. Un léger bouton de rose effeuillé l'embellissoit encore.

Théodore oubliant que la jeune beauté avoit plus besoin de secours que de caresses s'amusoit à promener ses mains sur la jolie gorge de Cécile. Oh ! pouvoir de l'attraction. A peine Théodore eut - il chatouillé quelques instans le bouton naissant qu'il avoit sous les yeux, que Cécile tressaille, soupire, et semble revenir à elle; Théodore redouble, elle ouvre ses grands yeux bleux et les fixe sur mon père; mais bientôt s'appercevant de son désordre; elle rougit, le repousse doucement, et rajuste ses vêtemens.

Combien votre état m'a inquiété, lui dit mon père d'une voix émue et tremblante. — Monsieur.... — Un mauvais sujet a pensé vous blesser dangereusement, en occasionnant la chûte qui a causé l'évanouissement dont j'ai eu le bonheur de vous tirer. — Je suis bien reconnoissante, monsieur, de vos soins obligeans. — Mais comment se fait-il que vous soyez seule dans cette maison? — C'est aujourd'hui dimanche, ma mère et mes compagnes sont sorties et je suis seule gardienne de la boutique.

Théodore, certain que des importuns ne l'interrompront pas, commence à conter à Cécile tout ce que lui avoit fait éprouver la vue de ses charmes. La jeune Cécile fut déconcertée de l'éloge brûlant que mon père en fit. Elle ne put cependant refuser un sourire à la délicatesse de ses louanges; bientôt elle en vint jusqu'à lui avouer qu'elle n'y étoit pas insensible.

Cependant Cécile paroissoit souf

frir, Théodore s'informe avec l'accent de l'intérêt, quelle en étoit la cause. Après s'être fait presser quelques instans, elle avoua qu'elle se croyoit les reins un peu écorchés par la chûte qu'elle avoit faite. Théodore lui dit, qu'étant chirurgien, il lui étoit facile d'ordonner les remèdes nécessaires, si elle vouloit lui montrer l'endroit où étoit le mal; et Cécile de se récrier, et Théodore d'assurer qu'il en avoit assez vu pour que l'on pût sans crainte lui laisser voir le reste : combat de part et d'autre; enfin Théodore est vainqueur.

La belle passe en rougissant dans l'arrière-boutique, se place dans un coin, pour n'être pas vue de la rue , s'agenouille sur le bord d'une chaise , baisse le haut du corps en avant , et livre le reste au trop heureux Théodore. Ses mains tremblantes soulèvent deux jupons d'une blancheur éblouissante, une chemise plus blanche encore , et découvrent le plus joli petit cul que l'on puisse imaginer. Oh ! M....., si ce cul délicieux eût frappé une seule fois tes regards, tu aurois sans peine renoncé pour lui aux appas masculins de tes Ganimèdes. Peignez-vous une chûte de reins délicieuse, des fesses rebondies sur lesquelles on ne pouvoit appuyer la main sans qu'elle ne fût repoussée par l'élasticité des chairs; deux cuisses moulées et qui alloient en mourant jusqu'à un genouil parfaitement fait, le tout soutenu par une jambe d'une per-fection admirable ; recouvrez tous ces appas d'une peau fraîche et veloutée comme celle de la pêche, et vous aurez une idée du cul de Cécile.

Théodore, extasié à la vue de tant de charmes, ne savoit sur les-quels arrêter ses yeux ; d'un côté le cul charmant dont nous venons de parler, un peu plus bas la jolie grotte ombragée de la mousse d'é-bène qui fuyoit entre les cuisses d'albâtre de la jeune beauté.

Théodore admiroit ce spectacle enchanteur , lorsque la porte de la boutique s'ouvre brusquement ,

Continuez; vous êtes dans la voye du Salut.

Cécile reconnoît avec effroi la voix de la vieille Généviève, servante de la maison. Un mouvement plus prompt que l'éclair fait retomber les jupes de Cécile sur la tête de Théodore, et le couvre tout entier. Généviève entre, comme Théodore étoit entre la muraille et Cécile. La vieille servante ne put appercevoir le volume qu'il faisoit sous les jupons de la jeune fille.

Le motif du retour de Généviève étoit son chien. Il avoit aboyé dans l'église pendant tout le salut, et notamment pendant la bénédiction du saint-sacrement. Généviève le rapportoit en grondant, dans la crainte qu'il ne fût battu par les suisses de la paroisse, qui ont la

haute police sur tous les quadru-
pèdes que le hasard amène dans
leur église.

Géneviève en entrant dans l'arrière-boutique, voit Cécile à genoux sur sa chaise ; car elle n'avoit
pas quitté cette position. La voilà
qui se persuade que Cécile récitoit
ses prières. Ah! la chère demoiselle,
grommelle-t-elle entre ses dents...
C'est un ange... C'est un ange....
Continuez, mon enfant... Continuez. Vous êtes dans la voie du
salut, tâchez de ne vous en écarter
jamais.... Oui, ma bonne, dit en
syncopant la jolie Cécile. --Restez,
mon enfant, dans les dispositions
où vous êtes; je retourne à l'église
achever mes prières; mais j'aurai

beau faire , je vois à votre ton pénétré qu'elles ne seront jamais aussi
ferventes que les vôtres. Et la
vieille Génevieve de regagner en
clopinant le dieu de miséricorde
qu'elle avoit quitté pour son chien.

Que faisoit Théodore pendant la
conversation? Ses lèvres s'étoient
d'abord collées sur deux fesses char-
mantes. Il avoit voulu déposer aussi
un baiser sur le bijou frisé de Cécile ; elle avoit serré le derrière , de
manière que sa bouche n'y pouvant
atteindre, sa langue avoit machi-
nalement cherché à y pénétrer ;
elle avoit trouvé moyen de s'y
introduire. Cécile n'osoit pas re-
pousser son agresseur, de peur d'être
découverte ; et c'étoient les titilla-

tions de cette langue agile qui avoient causé dans les sens de Cécile ce désordre que Géne- viève avoit pris pour un élan de dévotion.

A peine Géneviève fut - elle dehors, que Cécile s'arracha aux lèvres amoureuses que les desirs brûlans attachoient sur ses char- mes. Elle fut se jeter dans un fau- teuil à quelques pas de là , le trop heureux Théodore fut aussitôt à ses genoux. Elle se plaignit avec amertume, de la trahison qu'il lui avoit faite. Il se défendit avec cette éloquence voluptueuse que son émo- tion rendoit encore plus persuasive. La jeune vierge fut bientôt ap- paisée; elle pardonna, et finit par convenir de tout le plaisir qu'elle avoit éprouvé.

Bref, on sentit le besoin de se revoir, et Cécile laissa à Théodore le soin d'en faire naître les occasions.

CHAPITRE II.

Théodore ne put rejoindre son ami que le soir à Versailles Il convint franchement qu'il avoit perdu le pari; mais il garda un profond silence sur les suites délicieuses de son aventure.

La nuit qui suivit cet heureux jour, fut employée toute entière à rêver aux charmes de Cécile. Et comme il tournoit tant bien que mal des couplets, voici ceux qu'il fit sur son aventure : j'en ignore l'air, mais ils peuvent se chanter sur l'air charmant que chante madame Saint-

Saint - Aubin dans le *Chapitre Second.*

Si la déesse des amours
Vouloit obtenir notre hommage,
De ma Cécile pour toujours,
Elle emprunteroit le visage;
Si parfaits que soient les appas ,
Que lui donne un crayon habile,
Son cul si vanté ne vaut pas
Le joli cul de ma Cécile.

Interprête du sentiment ,
Qui réside au fond de mon ame,
Ma bouche sur ce cul charmant,
Déposa cent baisers de flamme ;
Vous qui nous vantez la vertu,
Si votre ame reste tranquille,
Ah! c'est que vous n'avez pas vu
Le joli cul de ma Cécile.

Tome I.   C

Objet charmant et précieux,

Cécile, garde-toi de croire,

Qu'un jour ce cul délicieux

S'effacera de ma mémoire ;

Mais s'il faut renoncer pourtant

A mon existence fragile ,

Grands dieux ! que j'expire en baisant

Le joli cul de ma Cécile.

Cependant, ce n'étoit pas le tout de chanter Cécile , il falloit songer à la revoir. Théodore ne trouva rien de plus à son gré que de s'ouvrir à son ami. En payant le lendemain le déjeûner du pari, il lui raconta de point en point tout ce qui s'étoit passé la veille. Celui-ci ne manquoit pas de mauvaises connoissances, il adressa Théodore à une certaine dame Florimont, espèce de catin intrigante, qui savoit se faire un revenu passable en protégeant les amours d'autrui. Théodore, muni d'un billet de son ami, fit connoissance avec la Florimont. Cette femme se chargea d'y attirer Cécile. Elle remplit sa promesse ; et huit jours après celui de leur première entrevue, Théodore se trouva tête-à-tête avec sa jolie conquête, à qui un mensonge adroit laissoit à - peu - près trois ou quatre heures de liberté.

Représentez-vous quelle dût être l'ivresse de l'heureux Théodore en serrant entre ses bras, en pressant contre son cœur, la jeune et intéressante vierge qui venoit de se livrer à lui. Ses lèvres brûlantes se joignirent à celles de son amante. Sa langue amoureuse chercha celle de Cécile qui, les yeux chargés d'un nuage de volupté, se laissa molle-ment aller dans les bras de Théo-dore. Il la porta sur un lit élégant qui n'étoit pas la pièce la moins nécessaire de l'appartement. Il eut bientôt vaincu la foible résistance que lui opposoit la pudeur mou-rante de Cécile. Il la débarrassa de ses vêtemens ; et jusqu'à sa chemise, tout lui fut enlevé.

Théodore, bouillant d'ardeur, travaille, de son côté, à se mettre dans le costume de notre premier père. Je vais profiter du tems qu'il emploie à se déshabiller pour tracer

rapidement les beautés de Cécile.

Dieu ! quel spectacle enchanteur ! Quelle richesse et quelle
pureté de formes ! Les yeux à demi
fermés, et recouverts par son bras
gauche, elle étoit étendue sur le
dos; ses jolies petits tettons haletans
de desirs, sembloient avoir acquis
plus de perfection que la première
fois. Le délicieux bouton de rose
qui en faisoit ressortir l'extrême
blancheur paroissoit s'efforcer de
sortir de son enveloppe de neige,
et inviter les lèvres amoureuses de
Théodore à y pomper l'ivresse de
la volupté. Un ventre, des hanches
telles qu'on peut les supposer à la
jeune Hébé : mais ce qui, surtout,

fixoit les regards , c'étoit cette toison charmante, dont le noir éclatant contrastoit d'une manière si piquante avec le blond cendré de ses beaux cheveux. Elle n'étoit pas encore aussi fournie qu'elle promettoit de l'être un jour ; mais son peu d'épaisseur offroit un spectacle encore plus attrayant , un spectacle fait pour porter le délire dans l'ame la plus indifférente aux plaisirs de l'amour.

A travers ce jeune taillis , on appercevoit une fente dont l'extrême petitesse prouvoit la fraîcheur et la virginité. Cécile qui , par son attitude, avoit les cuisses à demi écartées, laissoit appercevoir l'intérieur du sanctuaire où brilloit l'in-

carnat le plus vif. Un léger mouvement convulsif qui agitoit le ventre et les cuisses de la jolie victime ,
démontroit assez qu'elle jouissoit
par anticipation des plaisirs qu'elle
va connoître avec un peu plus
d'étendue.

Le spectacle enivrant de tant
de charmes avoit mis Théodore dans
un état voisin de la fureur. Mais,
me diront mes lecteurs , comment
Théodore , qui ne connoit point
encore de femmes , va-t-il s'y
prendre pour dépuceler Cécile.
Vous auriez raison, lecteur , s'il
arrivoit de sa province : mais
songez , de grace , qu'il y a six
semaines qu'il est dans les pages
du roi ; et qu'à cette chaste école

un néophite est bientôt passé maître; d'ailleurs , Théodore a déjà eu sous les yeux , plusieurs actes de priapisme , de la part de ses ver- tueux camarades; et sans avoir ja- mais , lui-même , participé à l'acte de virilité , il sait parfaitement comment il doit s'y prendre. Avant de venir au rendez-vous , Théodore qui prévoyoit ce qui alloit arriver , a eu soin de se faire donner de nouvelles instructions; et s'il n'est pas encore passé maître , il a toutes les connoissances nécessaires pour le devenir. Pardon de la digres- sion , mais je l'ai crue nécessaire.

Théodore, ivre de desirs, s'élance sur sa jolie proie, la prend dans ses bras, la place sur le pied du lit , et veut faire pénétrer la flèche de l'amour dans l'étui que lui a destiné la nature. Mais de vives douleurs font disparoître le nuage de bonheur qui environnoit Cécile. Des cris firent arrêter Théodore ; il parvint , à force de caresses , à engager Cécile à supporter encore un essai. Et se précipitant avec fureur dans le détroit du plaisir , il brisa tous les obstacles , malgré les gémissemens et les plaintes de sa complice. Bientôt , cependant , les cris devinrent moins violens : Cécile parut éprouver une étincelle du plaisir qui dévoroit son amant. Ses yeux se troublèrent, et une copieuse éjaculation de part et d'autre comsomma le sacrifice.

Ah! que vous êtes cruel, dit Cécile en reprenant ses sens : étoit-ce pour me plonger dans le précipice que vous me témoigniez tant d'attachement. Théodore la rassura par ces caresses brûlantes, si persuasives quand on aime. Bientôt, oubliant et les douleurs passées et les chagrins à venir, ils perdirent de nouveau dans les bras l'un de l'autre le sentiment et la vie.

Bref, après que Théodore eut donné à Cécile une demi-douzaine de preuves de sa vigueur, ils se séparèrent, non sans avoir concerté les moyens de se revoir.

Quatre mois se passèrent. La complaisante Florimont que Théodore payoit grassement , prêtoit toujours sa vertueuse entremise pour favoriser les entrevues des deux amans. Leurs ébats eurent les suites ordinaires ; et un jour la désolée Cécile vint annoncer à son bien-aimé qu'elle avoit la certitude d'être enceinte. Peignez-vous la joie insensée de Théodore à cette nouvelle. Il alloit être père, et par qui? par le seul objet qui lui fût cher , par sa jolie et intéressante Cécile. Ah ! c'étoit plus que le bonheur.

Théodore qui , par un sentiment de jalousie , avoit jusqu'à ce moment caché sa conquête à tous les yeux ; persuadé que l'état respectable où elle se trouvoit devoit éteindre les desirs de tout ce qui n'étoit pas lui, ne fit plus de difficulté d'avouer tout à St.-Firmin, cet ami qu'il avoit dans les pages, et à qui il étoit redevable de la connoissance de Cécile. Il ne fit, dis-je, aucune difficulté de lui tout avouer.

St.-Firmin promit d'être le parrain de l'enfant futur et de donner pour commère à Cécile, la jolie fille d'un hocqueton de la garde avec qui il étoit en intrigue réglée. Il voulut voir la petite femme de son ami; mais une chose à laquelle Théodore ne s'étoit pas attendu, c'est que St.-Firmin, qui avoit des principes comme un page,

page, devint amoureux de Cécile.

Il ne trouva pas de moyen
plus commode pour se satisfaire,
que de mettre la Floricourt dans
ses intérêts ; ce qu'il fit à l'aide
de quelques louis ; car cette femme,
de la famille des Bazile, ne savoit
pas résister à des argumens de cette
espèce. La Floricourt attira Cécile chez elle, sous prétexte d'une
entrevue avec Théodore : à la
place de son bien - aimé, elle
trouva le sacripant St.-Firmin qui
d'un air fort honnête, lui fit des
propositions très-malhonnêtes; elle
les rejeta avec indignation. Après
plusieurs tentatives inutiles, il se

jeta sur Cécile ; et aidé de la Floricourt, il la viola.

Pendant ce tems, que faisoit le pauvre Théodore? Occupé de son service, il étoit loin de penser que l'amitié le trahissoit d'une manière aussi infame. Il repassoit dans son imagination la perfection des appas de sa Cécile, le bonheur constant dont elle seroit désormais la source pour lui ; enfin les plaisirs toujours nouveaux qu'il avoit connus avec elle, et dont il espéroit encore le surlendemain moissonner une ample provision.

La veille du jour où il espéroit voir la jolie mère de sa progéniture à venir, il fut demandé à sept heures du matin, et un commissionnaire lui remit le billet suivant :

» Mon bien-aimé,

« Ton amie n'existe plus pour
» toi ; elle a perdu pour jamais le
» bonheur, et elle espère bientôt
» perdre la vie. Ah ! qui m'eût dit
» que notre union eût été de si
» courte durée ! Les barbares !...
» Tâche de te trouver cette après-
» midi, à quatre heures, chez
» madame D......y, rue neuve des
» Petits-Champs. Cette dame est
» une des pratiques de ma mère,
» qui veut bien se prêter à une
» entrevue... hélas ! sans doute la
» dernière ! »

Ton amie fidelle,
Cécile de B...

Théodore, étonné de cette missive, ne put imaginer autre chose, sinon que la mère de Cécile avoit découvert son intrigue avec sa fille. Il se proposa de rassurer sa jeune amie, et même de s'en emparer totalement pour la soustraire aux mauvais traitemens de sa famille. Il se faisoit déjà une idée délicieuse de la vie patriarchale qu'il alloit mener avec elle.

Il obtint facilement du gouverneur des pages la permission de s'absenter jusqu'au lendemain, et, montant à cheval, il galoppa vers Paris.

Arrivé près de Cécile, il apprit avec horreur ce qui s'étoit passé. Pressé par la soif de la vengeance, il embrasse tendrement Cécile et sort avec un calme apparent pour ne pas effrayer sa bien-aimée, à laquelle il promit d'être bientôt de retour.

Il vole chez la Florimont, l'oblige le pistolet sur la gorge, à écrire un billet à St.-Firmin qui étoit à Paris, ayant obtenu la permission d'y rester huit jours. St.-Firmin arrive deux heures après. Théodore lui reproche son attentat avec fureur, lui fait mettre l'épée à la main, le blesse mortellement, lâche un coup de pistolet à la Florimont, qui malheureusement ne lui brise que le poignet, et se retire en laissant les deux coupables nageant dans leur sang.

Pour finir en peu de mots cette série de scènes tragiques, St.-Firmin mourut de sa blessure. La Florimont fut quitte de la sienne pour un poignet estropié. Théodore fut obligé de passer dans les pays étrangers. Cécile ne voulut point retourner chez sa mère, et madame D......y qui n'étoit autre chose qu'une maquerelle déjà passablement fameuse, lui offrit un asile, espérant tirer parti de ses charmes lorsqu'elle seroit relevée de couche. Mais cette espérance fut trompée, car la malheureuse Cécile, après avoir langui pendant quatre mois; mourut en mettant au monde un enfant extrêmement délicat... Cet enfant, c'est moi.

CHAPITRE III.

Voila donc le pauvre enfant du bordel, privé au moment de sa naissance, de celle qui lui donna le jour. Vous croyez peut-être que livré à l'indigence il va grossir la liste trop nombreuse de ces enfans infortunés qui, après avoir passé une jeunesse malheureuse dans d'obscurs hôpitaux, traînent une vie languissante et meurent souvent à la fleur de l'âge, sans avoir connu autre chose que l'infortune. Détrompez-vous, le ciel me destine à courir une carrière plus brillante ; et si

elle est semée de beaucoup d'é-
pines, j'y pourrai de tems en tems
moissonner quelques roses.

Quoique la mort de ma mère
eût détruit les spéculations que madame D...y avoit établies sur ses
charmes, elle n'eut pas la pensée
de m'abandonner. Au contraire,
elle pourvut à tous les besoins de
mon enfance ; mais comme les
quatorze premières années de ma
vie ne sont pas très-récréatives,
je saute pardessus à pieds joints ;
je dirai seulement que je reçus une
éducation passable, et qu'affublé
d'un équipage de jokei fort joli,
je me rendis utile dans la maison
de ma bienfaitrice. Bref ; j'ai quatorze ans, de jolis traits, une fi-

gure spirituelle, de grands yeux noirs, qui ne promettent rien moins que la chasteté. Je commence déjà à sentir que je suis bon à quelque chose; les scènes dont j'ai été le témoin jusqu'à ce moment m'ont précocé le tempérament. Seul dans mon lit, je ne me rappelle pas impunément les charmes des prêtresses de Vénus, auxquelles j'ai l'habitude d'obéir, et ma main me procure des jouissances qui me font soupirer après de plus réelles.

De son côté, ma maitresse paroît ne plus me voir avec la même indifférence. Elle a trente-six ans, c'est l'âge où l'on commence à aimer les fruits verds; elle est encore très-fraîche; elle voit le feu que la vue de ses charmes fait naître dans mes yeux : aussi, sous mille prétextes, elle offre à ma vue, tantôt un tetton encore passablement ferme et d'une extrême blancheur ; tantôt une jambe très-bien faite, et la majeure partie d'une cuisse moulée ; quelquefois elle change de chemise devant moi ; elle se met absolument nue, et ne reprend sa chemise blanche, qu'après avoir donné à mon œil le tems de la parcourir dans tous les sens.

Enfin, un matin, elle résolut d'en passer sa fantaisie ; elle me sonne à sept heures du matin. Quoique nous fussions dans les plus beaux jours d'été, toute la maison

étoit encore ensévelie dans un profond sommeil.

J'entre donc chez Mad. D.....y;
elle étoit au lit. Approche, Chérubin, me dit-elle, voici une chanson qu'on m'a donnée hier; chante-
la-moi. Comme j'avois une fort jolie
voix, je ne me fis pas prier. Je vais
rapporter cette chanson que l'on
pourra chanter sur l'air : *Il faut
quitter ce que j'adore.* (*du Jokei*).

Mainte femme ici-bas demande,
Ou la richesse ou la grandeur,
Moi, je sens que l'homme qui bande,
A seul quelques droits sur mon cœur ;
Au foutre les grands de la terre,
Tout homme est égal à mes yeux,
Et le héros que je préfère
C'est celui qui me fout le mieux.

Le foutre est mon bonheur suprême,
Jouir est ma première loi ;
Et le vit de l'homme que j'aime
Fut toujours un sceptre pour moi ;
Du ciel avec grand étalage,
On vante le bonheur constant ;
Ce bonheur ne vaut pas, je gage,
Celui que je goûte en foutant.

Du Dieu qui gouverne la terre,
Si j'avois un instant les droits ,
Je m'en servirois pour me faire
Un vit de chacun de mes doigts ;
Et pour contenter mon envie ,
Je voudrois avant de mourir ,
Foutre mon sang , foutre ma vie ,
Et foutre mon dernier soupir.

Qu'on juge de mon état pendant que je chantois cette chanson ;

son ; j'étois rouge, mes artè-
res battoient avec violence. Madame D......y, qui du coin de l'œil
calculoit les progrès de mon trou-
ble, avoit déjà découvert, sous prétexte de la chaleur, cette paire de
tettons, dont j'avois tant envié la
jouissance ; le simple drap qui couvroit son lit, s'étoit aussi dérangé ;
Sa jambe et sa cuisse étoient sous
mes yeux. Lorsque j'eus fini la
chanson, je la posai sur sa table
de nuit. Tu chantes comme un ange,
me dit-elle, en prenant ma tête
dans ses deux mains et en appuyant
sa bouche sur la mienne. Enhardi
par cette marque d'amitié, je lui
rendis les baisers qu'elle me prodi-
guoit. Bientôt sa langue s'ouvrit

un passage, et fut s'unir à la mienne. Il est impossible de peindre ce que j'éprouvai dans ce moment.

Cependant mes mains tremblantes de desirs, erroient sur la gorge de ma belle maitresse. Je sentis bientôt une des siennes qui se glissoit le long de ma cuisse, et sembloit chercher à découvrir si j'étois bon à quelque chose : elle dût être contente, car je bandois....... je bandois..... comme quand on bande pour la première fois. Je hasardai de porter à mon tour mes mains vers le centre des plaisirs. Après les avoir promenés sur un ventre ferme et poli, je les guidai entre les cuisses de ma déesse ; j'y rencontrai une épaisse toison, où mes doigts s'égarèrent : elle-même prit mon doigt et le plaça sur une petite éminence charnue. Ce doigt, guidé par la nature , se mit à remuer avec une agilité inconcevable; bientôt mon institutrice tourne les yeux , balbutie quelques mots inintelligibles , roidit ses membres, et fait la plus copieuse décharge que de mémoire de femme on ait faite.

Sa main cependant qui avoit déboutonné ma culotte, n'avoit pas quitté le dard de l'amour dont la roideur extrême annonçoit les besoins. Oh! mon Chérubin , me dit-elle , viens dans mes bras , viens sur mon cœur, que je te fasse connoître les plaisirs dont tu viens de m'enivrer.

En peu de secondes je fus dépouillé de tous mes vêtemens, et me voilà dans le lit de madame D......y. Peu de secondes après, elle prit la peine de m'initier elle-même dans les plus secrets mystères de l'amour. Elle se chargea de me placer et de m'introduire dans le temple du plaisir ; la nature fit le reste, et j'offris mon premier sacrifice à Vénus, à la grande satisfaction de la moderne messaline qui servit d'autel.

Quatre fois je renouvelai mon hommage, et madame D......y ne me fit retirer que lorsqu'elle vit que je n'avois plus que peu de chose à lui dire. Pouvant à peine me soutenir sur mes jambes, je remontai dans ma chambre, et me jetai sur mon lit, et un sommeil réparateur versa à pleines mains ses pavots sur ma tête.

Je dormois depuis à-peu-près une heure, lorsque je fus reveillé. C'étoit madame D......y qui m'apportoit elle-même des restaurans dont elle savoit que je devois avoir un grand besoin. Un consommé, une perdrix froide et d'excellent vin de Pomard. Voilà ce qui composoit mon modeste déjeûné; je le mangeai en homme qui l'avoit bien gagné, c'est-à-dire, en affamé.

Pendant mon repas, madame D......y me prodigua les plus doux

propos et les caresses les plus sé-
duisantes : c'est en ce moment
qu'elle m'apprit l'histoire de mon
origine, la disparition de mon père
et la fin de mon infortunée mère.
Je donnai quelques larmes à leur
souvenir, et un doux sourire à ma
bienfaitrice. Je reçus d'elle un tendre baiser ; ce baiser fit renaître
mes forces ; madame D......y fut
sensible au pouvoir de ses charmes ;
mais elle ne voulut pas profiter de
ma bonne volonté, et se retira en
m'invitant à prendre un repos qui
m'éloit nécessaire.

Pendant quelques jours je fus fi-
dèle à madame D......y ; mais enfin mon caractère volage l'emporta.
Je fis attention à ce qui m'entou-

roit ; je vis des figures enchante-
resses qui paroissoient me sourire.
Mon intrigue avec madame D.....y
que je croyois un secret impéné-
trable, étoit sue de toute la maison :
cette intrigue sembloit me donner
du prix aux yeux de celles qui,
jusqu'à ce moment, avoient à
peine daigné faire attention à moi.
Je m'apperçus enfin que le premier
bonheur pour une femme, est d'en-
lever un amant à sa compagne, et
que la désolation d'une rivale est
une de ses principales jouissances.

Au milieu de la foule des jolis
minois qui m'environnoient, je
distinguai particulièrement celui
d'une jeune brune de dix-huit ans.
Jamais œil plus noir et plus bril-

lant ne para une jolie tête. Enfin je puis dire sans exagération, qu'il étoit difficile de soutenir l'éclat des yeux de Félicité ; grasse, potelée, mais de cet embonpoint qui ne fait que donner plus de volupté à l'ensemble de sa personne ; enfin de la tête aux pieds, Félicité étinceloit de desirs ; c'étoit la jeune Hébé parée de la ceinture de Vénus.

Félicité étoit une des plus ardentes à ma poursuite, depuis qu'on avoit pénétré ma liaison avec madame D......y, elle trouva plaisant de se donner à moi devant sa rivale, et sans que celle-ci se doutât de rien. Voici comme elle s'y prit pour y parvenir.

Un matin que j'étois dans la

chambre de madame D......y, à ranger différentes choses, et que cette dame, encore couchée, causoit de choses indifférentes, Félicité entra, ferma la porte avec soin, et me fit, sans que madame D......y s'en apperçût, un signe de discrétion, en mettant son doigt sur sa bouche. Elle fut au lit de madame D......y, l'embrassa en lui disant qu'elle avoit quelque chose à lui confier, Mad. D......y me dit de sortir. Non, reprit Félicité, Chérubin peut rester : je vous parlerai bas. Alors tirant les rideaux, elle se plaça de manière que son buste étoit dans l'alcove, mais que sa croupe étoit de mon côté. Par ses soins, les rideaux se croisoient exactement sur ses reins; ensuite, par un mécanisme sans doute préparé d'avance, son unique jupon tomba à ses pieds; elle n'avoit point de chemise. Ah! quel cul!... quel délicieux cul!... Le marbre n'est pas plus ferme... L'albâtre n'est pas plus blanc.

Devenu frénétique par cette vue, j'allai doucement m'agenouiller devant ce cul divin, j'y appliquai sans bruit de tendres baisers, j'écartai la superbe toison qui couvroit la grotte de l'amour; j'en écartai les lèvres mignonnes et vermeilles, ma langue libertine y pénétra et fut y pomper le nectar brûlant de la volupté.

Je passai bientôt à des plaisirs

plus solides : je dirigeai mon dard dans cet antre charmant; il y pénétra sans peine, grace à la salive qu'y avoit déposé ma langue. De ma vie, je crois n'avoir foutu avec tant de délices; l'espèce de contrainte que j'étois obligé de m'imposer, sembloit y ajouter un degré de plus. Je fus cependant assez maître de moi, pour ne pas me trahir; mais il n'en fut pas ainsi de Félicité; elle avoit continué à s'entretenir avec madame D......y : à l'instant suprême, elle déraisonna si visiblement, que madame D......y lui demanda en riant, si elle étoit folle. Pour toute réponse, Félicité colla sa bouche sur celle de sa rivale, et se mit à la bran-

ler pour détourner son attention.
Cette dernière qui n'étoit jamais
rebelle à une telle attaque, s'y livra entièrement, et nous arrivâmes tous les trois presqu'en même
tems, à la fin de la carrière.

A peine fus-je revenu à moi,
que je ramassai le jupon de Félicité, et que je le lui rattachai
le moins mal-adroitement possible.
Elle reprit sa conversation avec
madame D.....y, que j'entendis
la terminer par ces mots : « Ah!
» ma chère, que tu as de tempérament! » Félicité rouvrit les rideaux, et sortit en riant comme
une folle de la réussite de son extravagante entreprise. Quant à moi,
marmottant quelques mots de chanson

son, j'avois pris un air calme et froid , qui en eût imposé aux yeux les plus exercés.

Je partageai donc mes faveurs entre Félicité et madame D.....y, jusqu'à l'évènement qui nous sépara, et ce fut cette folle de Félicité qui occasionna notre rupture.

Madame D......y projetoit de me donner une nuit toute entière, afin vraisemblablement de se livrer sans contrainte à son caprice amoureux. Mais par une fatalité inconcevable, la chaste Félicité avoit aussi résolu de passer la nuit avec moi. Félicité avoit une tête, et ce que cette tête avoit résolu, étoit toujours un décret irrévocable qui devoit avoir sa pleine

Tome I.   E

et entière exécution. J'eus beau lui remontrer qu'il m'étoit impossible de me dérober à madame D......y, de qui mon existence dépendoit absolument; rien ne put lui faire changer de résolution.

Il y avoit vis-à-vis la maison de madame D......y, un payeur de rentes, dont le portier, savetier de profession, étoit à-peu-près de ma taille, quoiqu'âgé d'environ quarante-cinq ans. Ce laid monsieur, car il étoit hideux, étoit un véritable satyre, poursuivant toutes les nymphes potagères du quartier.

Ce fut à cet Adonis de nouvelle fabrique, que l'extravagante Fé-

(59)

licité destina les faveurs de madame D......y. Mes remontrances les plus vives ne servirent de rien. Jacquet le savetier, endoctriné par Félicité, promit avec joie de traiter madame D......y en nouvelle mariée. En effet, depuis son premier acte de virilité, le restaurateur des chaussures humaines n'avoit pas encore goûté d'une jouissance aussi relevée.

A deux heures du matin, Jacquet bien décrassé, en chemise blanche, fut introduit dans le lit de madame D......y; par qui. par Félicité elle-même. Elle voulut même être témoin auriculaire; car tout cela s'étoit fait sans chandelle : elle voulut, dis-je, être témoin des tendres ébats de ce couple mal assorti.

Ce ne fut qu'au bout d'une heure et demie, et lorsque l'illustre Jacquet en fut à son septième assaut, que ma folle compagne revint prendre place à mes côtés ; elle me parodia les tendres discours du couple qu'elle venoit de quitter, avec tant d'esprit, tant de gaîté, que je fus obligé d'en rire avec elle ; nous nous livrâmes ensuite à notre delire amoureux, non sans remords de ma part, d'avoir contribué par ma foiblesse à jouer un tour aussi sanglant à une femme qui, non-seulement m'avoit donné les premières leçons amoureuses ; mais encore à qui je devois les douceurs dont mon existence avoit *été* environnée depuis le premier de mes jours.

Le fatal lendemain arriva ; M. Jacquet, à force de donner des preuves de ses prolifiques talens à sa compagne, étoit tombé avec elle dans un sommeil léthargique ; ils furent surpris par le grand jour. Mad. D.....y se réveilla la première : « Chérubin, Chérubin », s'écria-t-elle. En disant ces mots, ses yeux se portent sur le malencontreux savetier. ... Dieux.... quelle métamorphose..... ce n'est plus le frais, le leste, le joli Chérubin ; c'est une vilaine figure noire et grêlée, que décorent deux yeux ronds et bordés de r ouge ainsi qu'une bouche meublée de cinq ou six chicots.

La foudre tombée en éclats sur le lit de Mad. D......y l'auroit moins terrifiée que cette étrange apparition. Maître Jacquet de son côté, réveillé par les mouvemens de Mad. D.....y s'étoit mis sur son séant, et la regardoit de toute la grandeur de ses petits yeux, pour chercher à lire dans les siens, l'effet que produisoit sa présence.

Interrogé par Mad. D...y sur ce que signifioit tout cela; le suppôt de St.-Crépin ne crut pas devoir ménager son introductrice; il déclara donc que Mlle. Félicité lui avoit proposé de coucher avec Mad. D......y, que cette proposition étoit trop honorable pour lui, pour qu'il osât s'y refuser ; qu'il avoit accepté ; que Mlle. Félicité l'avoit amené elle - même jusque dans le lit de madame, et qu'il avoit fait tous ses efforts pour reconnoître une faveur dont il s'avouoit indigne.

On juge de la fureur de Mad. D.....y, à cette étrange découverte ; elle parvint cependant à la maitriser, ordonna froidement à maître Jacquet de s'habiller , lui mit un louis dans la main , et lui recommanda le silence , sous peine de la vie ; ce que Jacquet promit autant par crainte que par nécessité.

Mad. D......y monta ensuite

dans ma chambre; ne m'y trouvant pas, elle vint à celle de Félicité, et nous surprit dans les bras l'un de l'autre; c'est alors que sa fureur éclata, elle nous accabla des reproches les plus outrageans, que nous écoutâmes, moi très-déconcerté, Félicité en lui riant au nez. Elle nous signifia que nous ayions à sortir sur-le-champ de chez elle; ce que nous exécutâmes, après avoir fait un paquet exigu de nos effets communs.

Félicité se retira dans une chambre garnie, rue d'Argenteuil; je m'y établis avec elle. Me voilà donc à quatorze ans et demi, le tenant en chef d'une des jolies filles de Paris.

CHAPITRE IV.

Le dessein de Félicité, en s'établissant rue d'Argenteuil, avoit été d'y continuer son commerce habitué dès l'enfance, à l'image de la prostitution. Je ne m'opposai point à ses projets ; mais ne voulant pas que l'on vît avec elle un jeune homme dont la tournure étoit suffisante pour effaroucher les pratiques, Félicité résolut de m'habiller en femme, et de déguiser mon sexe sous l'accoutrement féminin. Ce projet me parut très-plaisant, et je consentis avec joie à la métamorphose; elle sut même si bien me tourner, qu'elle me décid à la seconder dans un commerce, dont j'avois déjà une connoissance approfondie.

Me voilà donc en fourreau de linon rose, chapeau et souliers blancs, et trottant avec elle sous les galeries du Palais - Royal. Mon coup d'essai fut le recrutement d'un vieux chevalier de St.-Louis; nous le conduisîmes chez nous; c'étoit moi qui avois plu à cet homme; il voulut prendre mes tettons, et parut étonné de ne rien trouver; Félicité lui dit que j'étois trop jeune pour être formée. Le chevalier fut surpris d'une non-formation qui contrastoit avec ma taille élancée, et mes membres fortement constitués; il voulut visiter mes appas les plus secrets; mais Félicité qui étoit fille de précaution, avoit affublé cette partie d'un large bandeau, et arrêta le téméraire, en lui disant que je n'étois pas sûre de ma santé. Alors le chevalier s'empara de ma compagne, et, malgré ses cinquante ans, l'exploita vigoureusement, au grand mal de cœur du pauvre Chérubin, qui n'étoit pas du tout satisfait d'une jouissance à laquelle il ne participoit pas. Le chevalier se retira, en promettant de venir nous revoir, et laissa deux louis sous le chandelier.

Je ne rapporterai pas les diffé-

rentes aventures qui nous arrivèrent pendant les trois mois que
nous exerçâmes notre chaste commerce ; elles se ressemblent trop
pour que je me donne la peine de
les raconter ; je n'en citerai que
trois, en comptant celle qui me
rendit à mon état naturel ; elles
sortent du cadre ordinaire des aventures, et leur originalité leur fait
seule obtenir la préférence.

Un grand jeune homme, d'environ trente-deux ans, vint un
jour chez nous ; nous fûmes éton-
nées à l'inspection de ses pièces,
de voir qu'elles étoient aussi flétries,
aussi usées que celles d'un homme
de soixante et dix ans. Nous em-
ployâmes en vain tout notre art
pour

pour le ressusciter , car j'étois devenu expert dans celui de procurer des jouissances à autrui. Enfin
notre jeune invalide nous avoua
que le seul moyen de lui rendre
une partie de ses forces , étoit de
l'instrumenter lui-même avec un
de ces outils de religieuses , que
l'on nomme godemichés.

Félicité qui ne perdoit pas une
occasion de s'amuser aux dépens
des sots qui tomboient dans nos
filets , lui fit la confidence que
j'étois ce qui lui convenoit le
mieux , que la nature m'avoit fait
un double présent , en me donnant
les deux sexes , qu'en un mot j'étois
hermaphrodite. J'étois resté im-
mobile à cette singulière déclara-

tion ; mais notre jeune homme enchanté , me sauta au col, en me
disant que j'étois la femme qu'il
cherchoit inutilement depuis bien
long-tems. Il me renversa sur le
lit, me troussa, arracha le bandeau
préservateur dont j'étois toujours
muni, et découvrit l'outil le plus
roide et le mieux conditionné.

Il tomba à genoux devant ce
superbe morceau , y porta les
mains et la bouche, et sans s'a-
muser à visiter si les deux sexes y
étoient effectivement, il me pressa
de me servir avec lui de celui qu'il
avoit sous les yeux.

Il fallut donc bon gré mal gré le
contenter. Il se plaça commodément, et pour la première fois, je

fis mon entrée triomphante dans la ville de Sodôme. Mais, ô prodige ! à peine eus-je donné trois ou quatre coups de cul , que la cheville de notre héros commença à prendre de la consistance , et il fallut peu de minutes pour la faire arriver au comble de la gloire. Félicité se plaça sur le pied du lit, mon homme l'embroche, je me remets à l'instrumenter de nouveau, et nous arrivons tous les trois, presqu'en même tems , au comble du bonheur.

La seconde aventure est peut-être encore plus originale, quoique la même ruse ait été mise en jeu.

Nous nous promenions un soir

au Palais-Royal , lorsque nous fûmes abordés par une très-jolie fille à-peu-près de l'âge de Félicité ; elle témoigna une grande joie de la voir , lui demanda son adresse , et promit de lui rendre visite le lendemain matin.

Je demandai à Félicité quelle étoit cette jeune personne qui , à la richesse de ses vêtemens , à l'éclat des bijoux qui la couvroient, et surtout à sa tournure honnête, ne me paroissoit pas une fille publique. Elle m'apprit qu'elle en avoit fait la connoissance chez Mad. D.....y où elle venoit souvent , mais avec d'extrêmes précautions, pour n'être pas compromise, et que c'étoit par une suite de ces précautions que je

ne l'avois pas vue pendant mon séjour dans la maisou , qu'elle étoit
tribade, que trompée par un amant
qu'elle avoit adoré ; elle détestoit
les hommes , et se livroit aux
femmes avec passion. Laisse-moi
faire, continua Félicité ; je veux que
demain tu t'amuses comme tu ne
t'es pas encore amusé.

Effectivement, le lendemain nous
entendîmes une voiture s'arrêter
à la porte de la maison ; peu d'instans après on frappa à celle de notre
chambre. Félicité étoit encore au
lit, j'étois levé, et je fus ouvrir.
C'étoit l'inconnue, elle fut se jeter
dans les bras de Félicité, lui donna
plusieurs baisers sur la bouche,
avec une ardeur qui dénotoit la

force de sa passion, et celle de son tempérament.

Félicité riposta tendrement à ces vives accolades, et je vis avec étonnement qu'elle prenoit goût au jeu. L'inconnue fut bientôt dépouillée de tous ses vêtemens; la voilà nue dans les bras de Félicité, à qui elle arrache corset et chemise. Est-ce que cette grande fille ne vient pas avec nous, dit l'étrangère, que je nommerai Julie? Elle n'est point encore initiée dans nos mystères, reprit Félicité. — Est-ce faute de goût? — Non, c'est faute d'usage. — Comment, faute d'usage? — Oui.... Elle n'est pas conformée comme nous; et quoiqu'infiniment plus propre que moi, à notre genre d'exercice, elle y est encore inhabile. — Expliquez-vous plus clairement? — Telle que vous la voyez, elle est douée d'un clitoris à faire honte à la plus belle cheville humaine ! — C'est étonnant. — Figurez-vous, ma bien-aimée, le plaisir que doit goûter une femme que l'on enfile avec un clitoris de six pouces de long, et d'une raisonnable grosseur ! — Six pouces de long ?......... — Six pouces. Ajoutez que la bisarre nature s'est plue à donner à ce clitoris la forme d'un membre viril. — Vous ne plaisantez pas? — Nullement ; je vous dis l'exacte vérité. Il faut vérifier cela, dit la curieuse Julie. Viens ici, me dit Félicité.

Je m'approche alors d'un air gauche et timide qui fait rire mes deux folles aux éclats. Je suis troussé jusqu'au milieu des reins ; mon prétendu clitoris est baisé avec transport par la tribade Julie ; elle le met dans sa bouche, et le chatouille amoureusement avec sa langue. Devenu presque frénétique par cette espèce de caresses que je ne connoissois pas encore, je me jetai sur elle, je la plaçai à ma fantaisie, et je me mis à la travailler d'importance.

Les difficultés que j'éprouvai ne firent que m'irriter encore davantage ; elle jeta quelques cris que lui arracha la douleur ; mais bientôt enivrée elle - même par

Mon prétendu clitoris est baisé avec
transport, par la tribade Julie ;

le plaisir, elle ne fit plus que de seconder, et peu d'instans après, nous tombâmes, sans mouvemens, dans les bras l'un de l'autre.

Félicité, qui craignoit que notre ruse ne fût découverte, me fit signe de me rajuster promptement, pendant que Julie n'avoit pas encore recouvré ses sens.

Je fus bientôt prêt, et telles supplications que me fit Julie pour avoir encore quelques caresses, je tins bon et la refusai absolument.

Félicité la décida, non sans peine, de remettre la partie à une autre fois. Hélas! ce fut le lendemain de ce jour que nous arriva la catastrophe affligeante qui me sépara de Félicité.

Nous traversions tous deux la rue de Richelieu, à huit heures et demie du soir, pour nous rendre à notre domicile, lorsque nous fûmes abordés par deux élégans petits-maîtres qui nous firent des propositions très-séduisantes, que nous acceptâmes. Ils nous offrirent le bras ; à peine l'eûmes-nous pris, qu'ils se mirent à tousser. Au même instant, nous fûmes environnés par plusieurs mouches, et par deux escouades du guet qui s'emparèrent de nous. Félicité étoit tremblante, moi furieux ; et au moment où les deux mauvais sujets qui nous avoient fait arrêter, rioient de notre surprise, je donnai un coup de pied dans le ventre de l'un d'eux, qui le fit tomber sans connoissance au milieu de la rue. Deux gardes se jetèrent sur mes mains ; toute la bande délibéra s'il n'étoit pas nécessaire de me mettre les me- nottes ; cependant , par égard pour mon sexe, on n'en vint point à cette extrémité : les deux plus forts s'emparèrent de moi, et nous fûmes conduits au corps-de-garde de la barrière des Sergens.

Le corps - de - garde étoit déjà occupé par une douzaine de filles qui avoient été arrêtées comme nous. On nous conduisit à pied à St.-Martin. Le vendredi suivant , nous passâmes à la police ; nous fûmes condamnés..... Voilà l'En- fant du Bordel à l'hôpital.

A peine eûmes-nous passé deux jours dans cette maison de douleurs, qu'on procéda à la visite de celles qui étoient malades. Ce moment étoit redoutable pour moi; je pouvois être reconnu pour un homme, et une détention aussi longue qu'ignominieuse, devoit être le fruit de mon travestissement. Eh bien ! ce fut encore Félicité qui me sauva de ce mauvais pas. Elle subit l'examen une des premières, et me faisant adroitement prendre sa place, elle y passa une seconde fois sous mon nom.

Quelle singulière fille que cette Félicité! Elle étoit au désespoir, maudissoit la lumière; ses yeux se tournoient-ils de mon côté, elle oublioit aussitôt sa douleur, et éclatoit de rire comme une extravagante.

J'étois déjà depuis huit jours dans cette redoutable maison, lorsque parut au milieu de nous un homme d'environ quarante ans, qui paroissoit être homme de condition. Il promena long-tems ses regards sur mes compagnes, ensuite il les arrêta sur moi, et après m'avoir fixé pendant quelques instans : c'est celle-là, dit-il à la sœur qui l'accompagnoit. Suivez-nous, mademoiselle, reprit la sœur, et remerciez monsieur le baron de ses bontés pour vous. Je fis une profonde révérence au baron qui y répondit par un léger sourire. J'embrassai Félicité, en lui disant à l'oreille : si je suis libre, tu le seras bientôt. Je suivis la sœur et le baron, et nous arrivâmes chez la supérieure.

Approchez, mademoiselle, me dit cette supérieure, et rendez grace à monsieur le baron. Il est dans l'habitude de retirer du vice, pour en faire d'honnêtes femmes, des infortunées dont la figure promet quelque chose. Remerciez le ciel de ce que son choix est tombé sur vous; allez en paix et ne péchez plus. Après cet éloquent discours, la grave supérieure me fit mettre à genoux, me donna sa bénédiction, et me remit entre les mains de M. le baron, qui sortit d'un pas léger de cette enceinte de douleur, et me fit monter avec lui dans le carosse de remise qui l'avoit amené.

M. le baron de Colincourt jouissoit d'une fortune brillante, grace à un mariage de convenance qu'il avoit contracté avec la fille d'un riche financier. Depuis huit ans, il étoit engagé dans les nœuds du mariage, et n'avoit guère de commun avec son épouse, que le logement et la table. Cette épouse étoit alors une femme de trente ans, parfaitement belle, qui avoit commencé par s'affliger de la froideur de son époux, et avoit

H 2

fini par s'en consoler avec des co-adjuteurs aimables.

Ce n'est pas que M. le baron fût ennemi du beau sexe, au contraire ; mais il ne pouvoit se consoler de s'être mésallié, et en dépit de l'aisance dont il jouissoit, il conservoit pour sa femme une froideur extrême ; de simples égards étoient tout ce qu'elle obtenoit de lui. Cependant, le baron avoit des besoins ; il ne vouloit point afficher de ses beautés à la mode, sa méthode étoit différente ; il avoit obtenu du ministre, la permission de tirer des maisons de force, de jeunes filles entraînées dans le vice, dans un âge sans expérience, afin, disoit-il, de les ramener aux mœurs et à l'honnêteté. Il se servoit de cette permission pour avoir de jolis minois de fantaisie, dont il se débarrassoit ensuite facilement.

A peine le baron fut hors de la vue de l'hôpital, qu'il me détailla ses projets sur moi, et me proposa de demeurer auprès de lui en qualité de jokey. Je lui répondis que j'étois une infortunée que la méchanceté d'un tuteur avoit réduite à cet état de misère ; que cependant, j'acceptois sa proposition, persuadé qu'il étoit trop honnête pour abuser du hasard malheureux qui me mettoit à sa merci.

Le baron eut l'air de me promettre tout ce que je lui demandai.

Il me mena dans une maison tierce, où je fus confinée jusqu'au moment où mon équipage seroit prêt ; ce que l'on promit pour le lendemain. Il voulut prendre certaines libertés ; mais je sus le contenir, et il me remit une lettre que je fus chargé de lui porter aussitôt que mon costume seroit prêt. Cette lettre devoit être censée celle de recommandation qui me plaçoit près de lui.

Je ne manquai pas le lendemain d'aller présenter ma lettre au baron ; il la décacheta gravement, me dit que les recommandations, dont j'étois porteur, lui paroissoient suffisantes, et qu'il m'admettoit à son service. Je vis un sourire diabolique se peindre sur la figure de quelques domestiques qui étoient présens. Il me parut que la gravité du baron n'en imposoit à personne sur le compte du jokey, et que tout le monde étoit à-peu-près dans la confidence de la métamorphose.

Je fus présenté à madame de Colincourt, par le maître-d'hôtel. Elle me reçut assez dédaigneusement, m'engagea ironiquement à bien contenter mon maître, et me tourna le dos. Jusqu'à ce moment, je n'avois pas été habituée aux dédains des femmes, et je fus très-sensible à l'air de mépris de madame de Colincourt.

Le maître-d'hôtel voulut me

conter fleurette en me ramenant,
et se permit différens quolibets sur
mon déguisement ; mais je le reçus
si vertement que, craignant que
je ne portasse des plaintes à notre
maître commun, il finit par me
prier de garder un profond silence
sur tout cela, et je le lui promis.

Cependant, il m'étoit plus difficile de me débarrasser des pour-
suites du baron que de celles de
son maître-d'hôtel. Mon lit étoit
dans un petit cabinet à côté de sa
chambre à coucher. Après que
son valet-de-chambre l'eût mis au
lit, je me retirai dans mon cabinet
et je me couchai. Il y avoit environ
une heure que je dormois d'un
sommeil paisible, lorsque je fus

réveillé par les attouchemens d'une
main qui s'égaroit sur ma poitrine ;
je la repoussai vertement. Mais,
mon enfant, tu n'y penses pas,
me dit monsieur de Colincourt ;
car c'étoit lui. Je ne veux pas,
lui répondis-je. — Ma toute belle,
sois sensible à mon amour, aux
obligations que tu m'as. — Ne souil-
lez point vos bienfaits par une
action à laquelle je ne consentirai
jamais. — Je me charge du soin
de ta fortune. — Je ne veux rien
que la tranquillité. — De grace !
— Je suis inflexible, repris-je en
élevant la voix. — Silence, reprit-
il tout bas, l'appartement de ma
femme est ici près. — Eh bien ! re-
tirez-vous chez vous, ou craignez

tout de mon ressentiment.—Mais, ma bonne amie, tu ne songes pas que tu es entièrement à ma disposition, et que rien ne peut m'empêcher de me satisfaire! — Il n'en sera rien.— C'est ce que nous allons voir..... Alors, le baron, beaucoup plus fort que moi, s'empare tellement de ma personne, que je vis le moment où mon sexe étoit découvert. Croyant n'avoir plus rien à ménager, je criai au secours de toutes mes forces. Une porte placée au fond de mon cabinet, s'ouvre brusquement, et madame la baronne, un bougeoir à la main, s'offre à nos regards.

Ah! madame, m'écriai-je en l'appercevant; sauvez-moi des at-

tentats de votre époux. Il me paroît, mademoiselle, dit la baronne,
que vous êtes plus honnête que je
ne l'avois soupçonné d'abord. Pas-
sez dans mon appartement, vous
y resterez. Soyez.certaine que c'est
un asile que qui que ce soit n'o-
sera violer.

Cependant le baron étoit resté
stupéfait de la brusque apparition
de son épouse. La baronne me prit
par la main, me fit passer dans
son appartement, et s'y renferma avec moi, avant que monsieur
de Colincourt eût retrouvé la force
de changer de place.

CHAPITRE V.

LA baronne de Colincourt étoit vraiment une superbe femme, grande, majestueuse, les traits réguliers, une peau de satin, et des cheveux d'ébène, le bras, la jambe parfaits, et un pied tel qu'on pourroit le desirer à la Chine.

Mademoiselle, me dit Mad. de Colincourt, dès que nous fûmes chez elle, vous partagerez mon lit pour cette nuit, et je donnerai des ordres demain pour que vous soyez logée plus commodément. — L'honneur que vous me faites, madame,

et

et le danger dont vous me tirez,
vous assure pour ma vie, des droits
à mon respect et à ma reconnois-
sance ; et je lui baisai la main d'un
air pénétré. — Vous avez le cœur
sensible aux bienfaits ; tant mieux,
vous en sentirez plus vivement ce
que je veux faire pour vous. . . .
Mais couchons-nous, car il est tard.
Par ordre de la baronne, je me
mis au fond du lit, et peu de minutes après, elle vint se placer auprès de moi.

Une veilleuse allumée sur une
table de nuit dans l'alcove, y re-
pandoit une douce clarté ; une femme
divine, taillée comme la Vénus de
Médicis, étoit à mes côtés ; je
voyois une partie de ses charmes,

j'avois sous les yeux un sein d'albâtre ; un bras et une épaule qui
eussent servi de modèles à Praxi-
tèle, étoient à six pouces de moi ;
aurois-je pu y être insensible. Un
profond soupir s'élança du fond de
mon cœur, et fut mourir presque sur
les lèvres de la belle Eugénie. (C'é-
toit le nom de fille de la baronne).
Qu'avez-vous, ma bonne amie, me
dit-elle ?— Hélas ! — Confiez-moi
le sujet de vos chagrins ; voyez en
moi une consolatrice, une amie.
— Hélas, madame, il m'est impossible de vous avouer une chose
comme celle-là. — Pourquoi, ma
chère ?— Vous me chasseriez aussitôt de votre présence. — Avez-
vous succombé aux attaques du

baron? c'est malheureux; mais enfin, il n'y a pas de votre faute. — M. le baron n'est pour rien dans ma crainte; il lui étoit impossible de rien obtenir de moi. — Expliquez-vous plus clairement. — C'est de vous seule, madame, que j'ai tout à redouter. — De moi? — Je ne suis pas ce que je parois. — — Vous n'êtes pas... et qui êtes-vous donc? — Un malheureux jeune homme... — Un homme... et la main de madame la baronne, plus prompte que l'éclair, va chercher entre mes jambes, la preuve de mon sexe. Heureusement pour moi, la principale pièce du procès étoit dans un état qui ne laissoit aucun doute sur la véracité de mon rapport. Quelle audace, reprit la baronne. Ah! madame, lui dis-je, alongeant une main timide que je posai sur un globe que j'aurois cru de marbre, sans la douce chaleur qui y régnoit, et la palpitation intermittente qui le faisoit soulever; Madame, vous ne perdrez pas un infortuné, qui n'a contre lui que le malheur de vous avoir déplu. Et ma main ne quittoit pas le poste qu'elle avoit usurpé, et la sienne n'avoit pas lâché le joyau dont elle s'étoit d'abord emparée; j'osai me rapprocher un peu, et passer mes bras autour de son col. Dans quelle position critique il me met, dit-elle d'une voix altérée; et elle me donna un doux baiser sur le front.

A ce signal auquel je ne pouvois me méprendre , je perdis toute retenue ; je collai mes lèvres brûlantes sur sa bouche fraîche et vermeille, je sentis bientôt que la baronne ripostoit à mes attaques. Ma langue s'unit à la sienne , mes mains parcoururent des charmes d'une fraîcheur et d'une fermeté dont la chaste Diane se seroit fait honneur. Quelle élasticité de chairs ! quel velouté de peau ! quelle pureté de formes ! Une de mes mains se glissa doucement jusque sur le ventre de ma divinité. Bientôt j'atteignis le reposoir de l'amour ; rien de si parfait que la légère monticule qui en précède l'entrée ; rien de si voluptueux que la mousse légère qui en tapisse les bords. D'un doigt libertin j'agitai le clitoris de la charmante baronne; elle se serra contre moi en tressaillant , et en peu d'instans, elle arriva au comble de la volupté.

Après cette première expérience du tempérament de mon aimable baronne, je n'avois plus rien à redouter de son courroux : aussi, mettant toute retenue à part, elle se livra entièrement à moi. Cette délicieuse nuit ne s'est jamais effacée de ma mémoire : combien de fois nous mourûmes! combien de fois nous ressuscitâmes! Enfin une fatigue voluptueuse nous endormit dans les bras l'un de l'autre.

Le lendemain, le premier soin de la baronne, fut de me demander qui j'étois, et quelles étoient les aventures qui m'avoient amené dans sa maison. Je lui bâtis sur-le-champ le roman le plus joli et le plus intéressant. Je me donnai pour le fils d'un gentilhomme du Dauphiné. Je pourrois réjouir mes lecteurs, en leur faisant part de ce petit chef-d'œuvre d'imagination ; mais comme mon libraire veut que mes aventures soient toutes renfermées dans deux volumes, je suis obligé de sauter à pieds joints sur ces évènemens supposés de ma jeunesse.

Je passai avec ma chère baronne des jours tranquilles et des nuits délicieuses ; mais le diable qui ne dort jamais, et qui ne vouloit pas permettre que je pusse jouir de quelques tranquillités , suscita le baron maudit, pour traverser nos amours.

Le très-cher baron , quoique je fusse sous la protection de sa femme, n'avoit pas pour cela renoncé à ses prétentions sur moi; au contraire, l'espèce de contrariété qu'il avoit éprouvée, avoit augmenté son caprice. Une nuit, qu'il nous supposa endormis, il se servit de son passe-partout pour entrer dans notre chambre. Vraisemblablement, son dessein étoit de repaître ses yeux de mes jeunes appas... Que vit-il? ou plutôt que ne vit-il pas?

J'étois nu, ma chemise relevée jusqu'au col, et un songe qui avoit remis la libertine Félicité dans mes bras, faisoit élever droit comme un i, un membre qui prenoit chaque jour plus de consistance....... Oh! vengeance, oh ! fureur.... C'est un homme qui est caché avec la baronne, et c'est lui-même qui l'a introduit.

Le baron furieux, rentre chez lui pour prendre des armes, et immoler l'infame qui avoit osé souiller sa noble couche; mais il oublia les précautions qu'il avoit prises en entrant, et son brusque départ chassa le sommeil de nos paupières.

Nous sentîmes tout le danger qui nous menaçoit ; notre premier soin fut de nous barricader : le baron revint, la porte étoit bien fermée, il pouvoit la faire enfoncer ; mais il me paroît que le baron eût le bon esprit de sentir qu'en ébruitant cette affaire, il alloit se couvrir de ridicule, et devenir le sujet de l'anecdote du jour. Après un instant d'un silence profond, ouvrez, me dit-il, le premier mouvement de colère est passé, et je sens que j'ai dans tout cela autant de tort que vous. Ouvrez, je vous donne ma parole d'honneur de ne me porter à aucune violence. Je balançois encore, mais la baronne me dit d'ouvrir, que le

baron étoit incapable de manquer
à sa parole.

J'ouvris donc la porte quoique
peu rassuré ; le baron avoit des
pistolets qu'il posa sur un meu-
ble ; puis nous adressant la parole :
Je n'ai pas été maître, dit-il, d'un
mouvement de fureur ; mais la ré-
flexion est heureusement venue à
mon secours ; nous avons tous des
torts à nous reprocher, pardon-
nons - nous - les réciproquement ,
n'apprêtons point à rire à nos dépens par un éclat qui ne serviroit
à rien. Vous, monsieur, voici vingt-
cinq louis que je vous donne pour
pourvoir aux besoins du moment.
Habillez-vous , je vais vous con-
duire moi-même jusqu'à la porte ,

et si vous êtes jaloux de conserver la vie, oubliez jusqu'au nom du baron de Colincourt.

En me disant ces mots, le baron me présenta la bourse qui renfermoit les vingt-cinq louis ; je la reçus. En un tour de main, j'eus endossé mon costume de jokey. Je jetai un coup-d'œil de regret sur la baronne qui, plongée dans une bergère, et la figure cachée dans ses mains, gardoit un morne silence. Le baron me conduisit sans prononcer un seul mot jusqu'à la porte de la rue, et la referma lorsque je fus passé ; me voilà donc sans asile à quatre heures du matin, et par un froid très-piquant : ma foi, vogue la galère, je suis jeune,

bien

bien portant ; et j'ai vingt - cinq louis dans ma poche : avec ces ressources on va encore bien loin.

Mon premier soin fut de chercher un asile pour le reste de la nuit ; un honnête fiacre me l'accorda dans sa voiture , moyennant un écu de six francs , et promit pour cette somme de me promener jusqu'au jour.

Dans la matinée , je voulus aller au logement que j'avois occupé avec Félicité , pour voir si nos effets y étoient encore ; l'hôtesse s'en étoit emparée , et nia m'avoir jamais vu : je le pris sur un haut ton ; le mari voulut se mêler de la dispute , et me mettre à la porte ; je lui coupai la figure avec ma cravache, ils crièrent à l'assassin, la garde vint, m'arrêta..... Me voilà encore une fois entre les mains de la justice.

On nous conduisit chez le commissaire, qui me demanda qui j'étois, et pourquoi j'avois maltraité les plaignans. Je lui répondis que j'étois venu réclamer des effets qu'avoient laissés dans une de leurs chambres, deux dames de ma connoissance. — Où sont-elles, répliqua le commissaire? — Dans une maison de campagne, voisine de Paris. — Jolie maison, dit la logeuse. — Silence, s'écria le clerc. — Votre nom, reprit le commissaire? — Chérubin. — Vous n'en avez pas d'autre? — C'est bien assez

de celui-là. — Que faites-vous ?
— Je suis jockey. — A qui appar-
tenez-vous ? — Maintenant à personne ; mais hier j'étois encore au
service de monsieur le baron de
Colincourt. — Où demeure-t-il ?
— Rue de Varenne , faubourg
St.-Germain. Le commissaire nous
fit asseoir dans l'étude, écrivit un
mot au baron, qu'il envoya par
un des hommes du gref, et rentra
dans son cabinet.

Au bout d'une demi-heure ,
arriva la réponse du baron ; vraisemblablement elle ne m'étoit pas
favorable ; car , sans me dire un
seul mot , le commissaire ordonna
de faire avancer un fiacre , écrivit
une lettre, dans laquelle il renferma

celle du baron, qu'il remit au sergent du guet, lui dit un mot à l'oreille ; le sergent me fit monter en voiture avec lui, et un de ses soldats, ordonne au cocher de marcher, et nous arrivons, où? à St.-Lazare.

On nous fait passer à travers plusieurs guichets, traverser différentes cours, et nous arrivâmes devant le supérieur. Le sergent lui remit les lettres dont il étoit le porteur ; après les avoir lues, le supérieur tira le cordon d'une sonnette qui étoit près de lui, et bientôt arrivèrent quatre grands Lazaristes, hauts comme des mondes. Le supérieur me fit un sermon très-pathétique sur les dangers du monde, et sur le bonheur que j'avois d'être dans une maison où l'on alloit travailler efficacement à la correction de mes mœurs, et à la rédemption de mon ame. Il me dit ensuite de suivre les révérends frères; ce que je fis de bonne grace, pour ne pas m'attirer de mauvais traitemens.

Ils me conduisirent dans une petite cellule, où il y avoit pour tous meubles, un lit mesquin, une chaise de bois, un prie-dieu, un crucifix, et une tête de mort. Deux d'entr'eux se détachèrent, et revinrent un moment après, avec une cruche d'eau, un pain, et l'habit uniforme de la maison, consistant en une chemise de grosse toile jaune, un pantalon et une veste de bure brune, et des sabots. Ils me firent vêtir le tout, et à mon grand regret, je les vis sortir avec mes habits de jockey, dans lesquels étoient encore les vingt-cinq louis du baron.

Heureusement pour moi que je suis doué d'un caractère peu susceptible de s'abandonner au chagrin. Je m'occupai sur-le-champ des moyens de sortir de ma prison. La fenêtre de la chambre où l'on m'avoit renfermé, donnoit sur l'enclos des Lazaristes; mais d'énormes barreaux à quatre pouces de distance l'un de l'autre, ne me laissoient pas d'espérance de ce côté; point de cheminée, rien enfin de ce qui dans un roman favorise la fuite d'un prisonnier. Que faire?.. je ne trouvai aucun expédient, il n'y a de ressource qu'en tâchant de changer de local. L'infirmerie doit être moins sévèrement gardée, ainsi je n'ai rien de mieux à faire que d'être malade. A peine eus-je pris cette résolution, que je me mis à jeter des cris aigus, et à me rouler dans ma chambre ; cet exercice violent eut bientôt mis mon sang dans une agitation qui pouvoit passer pour de la fièvre; en peu d'ins-tans on accourut à mes cris; je con-tinuai d'en jeter de violens, en feignant de ne pas pouvoir répon-dre aux différentes questions dont on m'accabloit ; seulement je frappai sur mon estomac et sur mon ventre , comme pour désigner le siège du mal.

Le supérieur et le chirurgien arrivèrent; ce dernier me tâta le pouls , et déclara que j'étois attaqué d'une violente colique nerveuse , causée sans doute par la révolution que m'avoit faite ma translation dans la maison ; que mon état étoit des plus dangereux , que j'avois besoin de prompts remèdes qu'on ne pouvoit m'administrer qu'à l'infirmerie , et demanda en conséquence que j'y fusse transporté: le supérieur le permit. Quatre des spectateurs me prirent dans leurs bras , et me portèrent dans cette infirmerie si desirée. On me déshabilla , et me voilà dans un excellent lit ; c'est toujours un petit adoucissement à mon sort.

Je fus obligé de prendre les différens remèdes qui me furent prescrits par le médecin , pour ne pas éveiller le soupçon. Bientôt je feignis d'avoir besoin de reposer, tout le monde se retira : me voilà seul... Non je ne suis pas seul , car il y a quatre autres malades et l'infirmier ; je veux seulement dire que je ne suis plus l'objet de l'attention générale.

A peine fus-je certain de n'être plus observé , que je promenai mes yeux dans la salle ; elle étoit percée de quatre fenêtres , donnant sur l'enclos , et garnies de grilles de fer. Vingt-quatre lits la décoroient ; dont cinq seulement étoient occupés ; une large cheminée à chaque bout dans l'une desquelles il y avoit un grand feu.

L'infirmier sortit un instant, mes quatre confrères enveloppés dans leurs rideaux, dormoient ou rêvoient à leur maladie. Je profite de ce moment de liberté pour aller regarder dans la cheminée qui étoit sans feu... Oh ! surprise... Oh bonheur..... il n'y a point de barreaux.... Je suis sauvé.

La journée se passe sans évènemens remarquables, le chirurgien enchanté de l'effet que ses remèdes avoient produit sur moi, en redoubla la dose pour chasser, di-

soit-il, jusqu'au germe de la maladie.

La nuit qui suivit fut celle que je
destinai au recouvrement de ma
liberté ; sur le minuit , tout le
monde endormi , je me lève tout
doucement , je tortille mes draps
autour de mon corps , et à la foible lueur d'une lampe qui brûloit à
l'autre bout de la salle , je m'ache-
mine vers la cheminée secourable.

Je grimpe avec facilité , et me
voilà sur le toit ; je cherche un
point solide où je puisse attacher
mon drap ; je trouve une barre de
fer , qui prise d'un bout dans le
toit , et de l'autre dans la cheminée , paroissoit destinée à soutenir
cette dernière contre les efforts du

vent. J'attache donc les deux draps ensemble, et le bout de l'un d'eux après la barre de fer; ensuite, je me laissai glisser doucement le long de ce foible soutien. Par malheur, il étoit trop court d'environ douze pieds. Que faire?.... La nuit étoit très-obscure, et il m'étoit absolument impossible de distinguer ce qu'il y avoit au-dessous de moi. Je restai quelques momens incertain sur ce que je devois faire; mais pendu par les mains, comme je l'étois, la place n'étoit pas tenable; ma foi, au risque de me tuer, je lâchai le bout du drap, et je m'abandonnai au hasard.

Je tombai heureusement pour moi sur un petit toit en planches, soutenu

soutenu par deux barres de bois qui servoient de retraite à un énorme chien, gardien nocturne de l'enclos des Lazaristes. Le malheureux chien, au lieu de faire sa ronde, étoit tranquillement à dormir dans sa paille, de manière que le poids de mon corps écrasa le toit et le chien ; j'en fus quitte pour quelques contusions et un moment d'étourdissement, après lequel je me remis sur mes jambes.

Cependant la cabane en s'écrasant avoit fait beaucoup de bruit, le chien qui n'étoit pas tout-à-fait mort, jetoit des hurlemens effroyables ; je sentis le besoin de m'éloigner promptement, et léger comme le zéphir, je me mis à parcourir l'enclos pour tâcher de trouver le moyen d'en sortir.

J'avois déjà fait un long chemin sans avoir découvert autre chose que des grands murs, lorsque je vis à ma droite une lumière qui partoit d'une maison située sur l'enclos. Je me mis à dire assez haut, y a - t - il quelqu'un dans cette maison? La fenêtre s'ouvrit, une voix de femme demanda qui avoit parlé. Au nom de l'humanité, madame, lui dis - je, secourez un infortuné qui n'est pas coupable. Qui êtes-vous, me dit-on? -- Un prisonnier qui s'évade? -- Et que puis-je faire pour vous. -- Me donner les moyens de m'échapper. -- Mais n'aurai - je pas moi - même à me

repentir de vous avoir servi? -- Ah !
ne craignez rien, à quinze ans et
demi on a pu commettre des fautes,
mais on a rarement commis des
crimes. -- Attendez un instant , et
la lumière disparut.

Dix minutes environ qui s'écou-
lèrent, me parurent dix siècles ;
j'étois d'autant plus impatient que
j'entendois de loin parler les per-
sonnes que les cris du chien avoient
attirées ; enfin , au moment où je
commençois à perdre la tête , un
st' part de la maison secourable,
et quelque chose tombe auprès de
moi ; c'étoit une corde à puits, je
me cramponne , et en un moment ,
me voilà dans la cour et hors des
pattes des Lazaristes.

L 2

CHAPITRE VI.

LA personne qui m'avoit secou-
ru étoit une fort jolie femme que
j'ai su depuis être une danseuse de
l'opéra, son domestique m'avoit
par ses ordres jeté la corde qui
m'avoit servi à parvenir jusqu'à
elle. Elle me fit passer dans une
salle à manger et parut se savoir
gré, en voyant ma jolie figure, du
secours qu'elle m'avoit donné.
Cependant ma parure n'avoit rien
d'attrayant, mon pantalon de bure,
ma chemise de toile jaune, point
de veste, et nus pieds.

La manière dont je m'énonçai
pour lui témoigner ma reconnois-
sance parut lui faire plaisir ,
en lui prouvant que je n'étois pas
un malotru. Elle fit apporter de
l'eau chaude pour me laver les
pieds , me donna des pantoufles ,
du linge fin et une robe de chambre ; ensuite elle me fit passer dans
la chambre à coucher où il y avoit
un grand feu , ce qui me fit beaucoup de plaisir. Comme, grace à
ma maladie factice, je n'avois rien
mangé depuis le matin, je fis un
honneur infini à un charmant sou-
pé qui nous fut servi par ordre de
mademoiselle S.... Après que l'on
eût desservi , elle ordonna à son
domestique de me dresser un lit

dans la pièce voisine. Il sortit pour obéir et nous laissa tête-à-tête.

Dès que nous fûmes seuls, mademoiselle S.... fit tomber la conversation sur les motifs de mon arrestation. Je lui contai l'histoire de ma vie, ce qui la fit beaucoup rire, surtout l'aventure de la baronne. Cependant ma jolie hôtesse me regardoit avec des yeux qui paroissoient contenir autre chose que de l'attention à mon récit ; un certain intérêt tendre y régnoit, je hasardai de prendre sa main que je pressois tendrement dans les miennes, je la portai à mes lèvres ; mademoiselle S.... fit un mouvement pour retirer sa main, j'en fis un pour la retenir, elle me fut laissée.

Que dirai-je enfin, d'encore en encore je m'emparai alternative-ment de la bouche, du sein, de la jambe, de la cuisse et du cul ; je la renversai sur sa bergère, et prenant ses jambes sous mes bras, je l'enfilai avec toute l'ardeur de mes moyens de quinze ans et demi.

Oh ! vous qui avez foutu, vous ne connoissez pas le plaisir, si vous n'avez pas joui de mademoiselle S.....

C'est au lit surtout que made-moiselle S.... étoit impayable ; tempérament de feu, caresses sédui-santes, des appas, d'une fraîcheur vraiment étonnante pour une danseuse de l'Opéra. Nous épuisâmes dans cette nuit bienheureuse tout ce que le code libertin a de plus voluptueux et de plus varié.

Cependant ma fuite avoit fait du bruit, on avoit découvert les moyens que j'avois employés pour m'évader, et comme on ne supposoit pas que, vu mon costume remarquable j'aie pu aller bien loin; on ordonna une visite dans les maisons qui bordent l'enclos des Lazaristes; et après en avoir visité plusieurs, la meute de Saint-Lazare arriva à celle de mademoiselle S..... et se fit ouvrir la porte de la part du roi. Que faire? que devenir; il y avoit vraiment de quoi perdre la tête. Mademoiselle S...

qui ne la perdoit jamais , excepté dans lesbras de son amant,ne trouva d'autre moyen que de me faire coucher la tête dans le lit et de se coucher exactement sur moi ; mes pieds étoient sous le traversin , de manière que ma tête étoit précisément entre ses jambes.

Les cerbères , malgré que le domestique leur eût dit que sa maitresse étoit malade , entrèrent dans la chambre de mademoiselle S.... et se mirent à fureter partout. Cependant la position que le hasard m'avoit donnée étoit trop appétissante pour que je n'essayasse pas d'en tirer parti ; malgré le danger, ma langue chercha à s'introduire dans le réduit amoureux que nous venions de fêter avec tant de plaisir. Mlle. S.... qui ne savoit pas refuser un instant de jouissance, malgré le danger qui nous menaçoit , se prêta à mes desirs , de manière qu'au moment où les suppôts de Saint - Lazare , après avoir visité partout, lui demandèrent si elle n'avoit pas connoissance d'un prisonnier qui s'étoit échappé ; ce qu'elle leur répondit avoit si peu de suite , si peu de sens commun , qu'ils ne doutèrent pas qu'elle ne fût très-malade , et son déraisonnement l'effet du transport ; ils se retirèrent donc en emportant avec eux la persuasion intime que je n'étois pas dans cette maison.

Le jour vint , et il fallut songer

à la fuite ; car, malgré le plaisir que nous avions goûté , mademoiselle S..... et moi, nous sentions parfaitement le danger de rester plus long-tems dans le voisinage des Lazaristes , où mille circonstances imprévues pouvoient me faire découvrir ; d'un autre côté, comment gagner pays sans vêtemens , sur - tout sans argent. Ah ! si j'avois eu les vingt - cinq louis du baron de Colincourt...... Mais la généreuse Mlle. S.... se chargea de pourvoir à tous mes besoins. Par ses ordres, son domestique sortit, et une demi - heure après, il revint amenant un fripier avec son garçon chargé d'habits, chapeaux, bottes et en gé-

néral, tout ce qui pouvoit consti-
tuer l'accoutrement masculin. En
peu d'instans je fus vêtu de la tête
aux pieds d'une manière aussi solide qu'agréable et commode. Les
fournisseurs payés et retirés, nous
délibérâmes sur le pàrti que j'allois
prendre. Mademoiselle S...... me
demanda si je savois quelque mé-
tier ou si je me sentois des dispositions pour jouer la comédie. Je
lui dis que j'avois une assez jolie
voix, elle voulut en juger, et sur-
le-champ je lui chantai la chanson
suivante :

AIR : *J'ai vu partout dans mes*
voyages.

Ma Justine, tu me demandes
Où notre ame doit résider;

Je

Je l'ai dans le vit quand je bande,
Dans le doigt s'il faut te branler.
Pour chanter l'objet qui me touche,
J'ai mon ame dans mon esprit ;
Mais elle passe dans ta bouche
Lorsque tu me suces le vit. (*bis.*).

L'homme franc l'a dans ses promesses,
L'usurier l'a dans son calcul,
Un fouetté l'a dans ses deux fesses,
Un bardache l'a dans le cul,
Un buveur l'a dans sa chopine,
Un poltron l'a dans le talon,
Un bon fouteur l'a dans la pine,
Une garce l'a dans le con.   (*bis.*)

Des transmigrations divines,
Je vais dévoiler les ressorts,
C'est en foutant que les bramines,
Font changer les ames de corps.

Tome I.   M

Quoique bien distincte chacune,
Souvent nous les réunissons;
Nos deux ames n'en font qu'une
Au moment où nous déchargeons.

Mademoiselle S.... étoit restée stupéfaite en entendant cette chanson grenadière ; ensuite elle me sauta au col, et me donna mille baisers auxquels je ripostai de grand cœur ; et peu d'instans après, nous réunîmes nos ames à la manière des bramines.

Mademoiselle S...... après être revenue de son extase amoureuse, me fit des complimens sur la beauté de ma voix, m'assura qu'elle alloit devenir pour moi une ressource assurée. Elle m'engagea à tourner mes pas du côté de Lyon, écrivit une lettre au directeur du spectacle de cette ville, me la remit et m'assura qu'avec cette recommandation le directeur m'admettroit sans difficulté dans sa troupe, et me donneroit des appointemens suffisans pour exister.

Il fallut cependant songer au départ; après cent baisers donnés et rendus, je la quittai, je traversai tout Paris, et fus sortir par la barrière des Gobelins, non sans donner quelques regrets à cette cité fameuse, berceau de mes premiers jours et de mes premiers plaisirs, où je laissois Mad. D...y Félicité, la baronne de Colincourt, et sur-tout la généreuse Mlle. S....

Bientôt ce nuage léger se dissipa, et le plaisir de parcourir des pays nouveaux pour moi, consola mon ame affligée.

Arrivé au haut de la montagne de Villejuif, je jetai le dernier coup-d'œil sur Paris ; je lui envoyai un dernier soupir, et j'entrai dans le village. Profitons de cette traversée ennuyeuse pour faire la description de mon équipage, et donner une idée des bontés de Mlle. S...

Habit de drap bleu, gilet piqué de Marseille, pantalon de velours gris, bottines, chapeau rond, le tout recouvert d'une immense redingotte d'alpaga brun garnie en velours noir ; dix louis dans ma poche , une petite montre d'or émaillée , un paquet sous le bras , contenant quelques chemises de toile d'Hollande, mouchoirs de la même toile et cravattes de mousseline.

Me voilà donc en pleins champs, la bise au nez , pestant contre le baron de Colincourt, qui ne vouloit pas qu'un honnête garçon baisât sa femme, et qui, par une suite de ses mauvais procédés , m'obligeoit à voyager par un tems si rude.

Je faisois ces réflexions chagrinantes, lorsqu'une voiture à quatre chevaux que j'entendois rouler derrière moi , depuis quelques minutes, me dépassa rapidement ; j'enviois intérieurement le sort de ceux à qui leur fortune permet de se procurer de semblables douceurs, lorsque la roue crie, casse, et voilà la voiture par terre. Le postillon avoit mille peines à retenir ses chevaux, et de la voiture partoient des cris affreux. Je pars comme l'éclair ; je m'élance à la tête des chevaux, et, aidé du postillon, je parviens à les arrêter tout-à-fait ; je vole ensuite à la voiture à travers les glaces brisées ; je vois deux femmes le cul nu en l'air, et la tête ensévelie sous les coussins de la voiture ; je veux passer mes bras dans le carosse pour les dégager, un éclat de glace qui déborde me coupe la main. Mon sang coule, je me

m'en apperçois pas ; je parviens à
à ouvrir la portière et voilà ces
dames sur pied. Leur mise annonçoit une maîtresse et sa femme-de-
chambre ; la maîtresse étoit éva-
nouie , le grand air la fit bientôt
revenir.

Cette dame commençoit à se
répandre en actions de graces , sur
les services que je lui avois rendus, lorsqu'elle apperçut ma main
sanglante ; elle fit un cri : j'eus
beau vouloir lui persuader que ce
n'étoit rien autre chose qu'une
écorchure; il fallut que je lui lais-
sasse panser ma main : elle la lava
avec de l'eau de Cologne, et l'en-
tortilla de deux mouchoirs, im-
bibés de cette liqueur.

Ces dames, cependant, ne pouvoient pas rester ainsi; il falloit
remédier à l'accident. Le postillon
détela un cheval, et fut à Villejuif
chercher du secours. Après un quart-
d'heure d'absence, pendant lequel la
maitresse de la voiture me dit
mille choses honnêtes, le postillon
revint, non avec une roue, mais
avec une berline qu'il avoit été
demander à la poste ; des paysans
l'accompagnoient. Les malles et
paquets de la voiture brisée, furent
placés sur celle qui ne l'étoit pas;
les paysans généreusement payés,
et chargés de reconduire la voiture
invalide à Villejuif, où la dame
promit de la reprendre à son retour. Elle m'invite à monter avec

elle, au moins jusqu'à la première poste. Je ne me fais pas prier : me voilà à ses côtés, et nous partons.

Madame de Senneville me demanda de quel côté je portois mes pas; je lui dis que j'allois à Lyon. — Comment, à pied ? me dit elle. — Oui, madame. Je suis philosophe, et j'aime à observer la nature. — Vous n'y pensez pas, mon jeune ami, la nature est très-agréable à observer au mois de mai, lorsque la terre est couverte de ses dons ; mais au mois de décembre, c'est une folie qui n'a pas le sens commun. --- Croyez-vous, madame, que l'hiver n'a pas ses agrémens comme le printems· --- Vous avez raison, on a le plaisir de souffler dans ses doitgs...Mais, peut-être, votre bourse est-elle peu garnie, on pourroit y suppléer. Ceci fut dit d'un air timide. Pour toute réponse je portai ma main à ma poche, et lui montrai mes dix louis en or. Allons, continua-t-elle, il ne faut pas disputer des goûts. J'espère cependant que malgré votre penchant pour les voyages pédestres, vous voudrez bien m'accompagner jusqu'à Fontainebleau. Je remerciai Madame de Senneville, et me félicitai intérieurement d'avoir une journée à passer avec elle.

Madame de Senneville avoit environ 32 ans, les cheveux châtains, la peau extrêmement blanche, peu de gorge , mais bien placée ; femme d'un président aux enquêtes , qui l'avoit épousée lorsqu'elle avoit 18 ans. Cet homme froid , comme un robin, n'avoit servi qu'à développer le tempérament de feu sa femme , qui, bientôt délaissée par lui , avoit donné dans tous les écarts , avoit fait toutes les folies , sans cependant afficher son mari. En un mot , madame de Senneville étoit tellement blasée , qu'il n'y avoit que les choses extraordinaires qui pussent la contenter.

Cependant cette femme avoit un cœur excellent , le meilleur ton , beaucoup d'instruction , une manière de s'énoncer enchanteresse ; son corps étoit partagé en deux parties bien différentes de la ceinture en haut, c'étoit celui d'une des muses ; et de la ceinture en bas, celui de la messaline la plus déhontée.

Nous arrivâmes à la dînée, sans malencontre. Madame de Senneville commanda un dîner succulent et délicat, auquel je fis parfaitement honneur. La jolie femme-de-chambre étoit à table avec nous : j'avois prié sa maîtresse de le permettre. En effet, Jeannette méritoit qu'on eût quelqu'attention pour elle.

Jeannette étoit la plus jolie blonde, faite comme une nymphe, et cependant une gorge d'un volume étonnant, et d'une fermeté plus étonnante encore. C'est sa peau sur-

tout

tout qui étoit frappante par cette blancheur rosée, qui fait le charme des blondes ; le bras parfait , le pied mignon , la jambe bien tournée. Madame de Senneville étoit fort aimable , mais elle perdoit beaucoup à être comparée à sa femme-de-chambre.

Après le dîner , nous remontâmes en voiture ; c'est alors que madame de Senneville me dit qu'elle alloit passer quelques semaines dans une terre qu'elle avoit à trois lieues au-delà de Fontainebleau , et que , si mes affaires me permettoient d'y venir résider quelques jours , elle feroit tout ce qui dépendroit d'elle, pour m'en rendre le séjour agréable.

Tome I. N

J'acceptai , entraîné par l'amabilité de la maîtresse et par les charmes de la suivante , dont je me proposois bien de tirer pied ou aile ; nous arrivâmes sur les quatre heures du soir à un charmant château, meublé avec élégance. Comme on étoit prévenu de l'arrivée de la maitresse, nous trouvâmes grand feu partout ; mais surtout ce qui me charma, ce fut un jardin d'hiver , d'une grandeur très-raisonnable. Il étoit vitré ; une douce chaleur y régnoit, grace à plusieurs poèles qui échauffoient l'athmosphère , et qui, artistement faits , servoient de piédestaux à des statues de marbre , qui décoroient le jardin. Un parfum délicieux embaumoit l'air qu'on y respiroit. On y trouvoit toutes les fleurs, depuis la modeste violette, jusqu'au lys éclatant; depuis la simple marguerite, jusqu'à la rose vermeille; des arbustes odorans, et même un bosquet de lilas, qui sembloit offrir son ombre aux mystères amoureux.

J'éprouvai un frémissement de plaisir en parcourant ce délicieux jardin. Madame de Senneville s'apperçut de mon émotion, elle y sourit, et intérieurement se promit bien d'en tirer parti. Nous revînmes ensuite dans le salon, où nous passâmes la soirée.

On soupa; au dessert les domestiques furent renvoyés, et nous nous amusâmes à faire sortir quelques bouchons de Champagne. Madame de Senneville qui s'appercevoit que , depuis long-tems , je lorgnois Jeannette , m'en fit la guerre en plaisantant. Je répondis gauchement , ses éclats de rire redoublèrent ; vos yeux ne peuvent pas quitter la gorge de Jeannette , savez-vous qu'elle l'a superbe. Montre-la-lui, mon enfant; et voilà Jeannette et moi à rougir ; elle de honte , moi de desir. Madame de Senneville , tout en riant , ôta les épingles , dénoua les cordons , et enleva le fichu de la pauvre Jeannette, qui tâcha, mais vainement, de cacher avec ses deux petites mains, ses tettons superbes. Jeanne d'Arc ne les avoit pas plus fermes ; Agnès Sorel ne les avoit pas plus blancs.

Imaginez une gorge comme la Franche-Comté nous en offre quelquefois , faite en poire , mais placée presqu'horisontalement , à rases épaules ; chaque demi-globe d'un volume rare se soutenoit seul sans artifice , et sans que son poids le fît seulement incliner vers la terre. Joignez le bouton le plus frais et le plus délicieux , ajoutez la peau d'une blancheur éblouissante , et vous aurez une idée de la gorge de Jeannette.

Cependant cette vue m'avoit mis en fureur , et je bandois. Ah ! je bandois... c'est cela que demandoit Mad. de Senneville. Bandes-tu, bien

N 3

mon ami, me dit-elle, en appuyant sa bouche sur la mienne, et en y introduisant une langue, avec laquelle la mienne eût bientôt fait connoissance. Pour toute réponse je pris sa main, que j'appuyai sur mon vit; elle déboutonna ma culotte, et mit à l'air un membre d'une roideur qui lui promettoit plus d'un assaut. Allons, s'écria madame de Senneville, à la besogne. Alors les deux femmes travaillèrent à se dépouiller de leurs vêtemens, et me prièrent d'en faire autant. Le feu est redoublé, pour que l'absence de nos habits ne nous laisse pas appercevoir de la rigueur de la saison.

Nous voilà nus tous les trois,

Madame de Senneville gagnoit à être vue ainsi ; et elle n'étoit pas déplacée auprès de Jeannette, qui étoit de la tête aux pieds un composé de graces.

Je croyois tout uniment que j'allois foutre les deux femmes chacun leur tour, ou du moins madame de Senneville : combien j'étois loin de compte. Je la prends dans mes bras, et, après un baiser voluptueux, je fourre ma main entre ses cuisses.... Oh ! surprise.... ce n'est point un conin, pas même un con, c'est un gouffre, dans lequel j'aurois pu je crois entrer tout entier ; aussi aurois-je débandé tout net, si la vue des charmes de Jeannette n'eût soutenu mon courage.

Cependant le mot de madame Senneville à la besogne avoit une signification à laquelle je ne m'attendois pas. Jeannette fouille dans une petite armoire, dont sa maitresse vient de lui donner la clef; elle tire un godemiché, recouvert en velours, qui avoit, sans exagération, six ponces de diamètre, sur dix de long; elle l'attacha autour de ses reins avec une ceinture de maroquin, et fut se coucher sur une chaise longue, qui étoit dans le salon. Madame de Senneville se mit sur Jeannette, et, à mon grand étonnement, elle se le fit entrer tout entier dans le corps. Voyez ce qu'il vous reste, me dit-elle; je ne voyois que son cul........

C'étoit la seule manière dont madame de Senneville pouvoit se procurer des jouissances.

c'étoit ce que demandoit madame
de Senneville ; aussi sans me faire
prier davantage je me mis à l'encu-
ler. C'étoit la seule manière dont
madame de Senneville pouvoit se
procurer des jouissances : aussi s'en
donna - t - elle tant et plus pendant deux heures , que les jouissances se multiplièrent. Madame
de Senneville entendoit parfaitement ses intérêts en mettant Jeannette de la partie ; les appas de cette
fringante soubrette soutenoient
merveilleusement mes forces.

Il faut aussi avouer une petite
rouerie que je m'étois permise ,
j'avois payé mon tribut au posté-
rieur de Mad. de Senneville, en l'ar-
rosant une seule fois d'un foutre

brûlant; mais ensuite je m'étois contenté de la limer, et j'avois réservé pour Jeannette des forces que j'aimois mieux perdre avec la soubrette qu'avec la maîtresse. Enfin, nous cessâmes nos chastes amusemens, et chacun reprit ses habits; non, sans que madame de Senneville eût donné plusieurs baisers au bijou, qui venoit de si bien la travailler de la manière inverse.

Madame de Senneville passa dans une petite garde-robe pour y faire les ablutions nécessaires. Je profitai de ce moment pour demander à Jeannette, si elle ne pourroit pas me donner une heure dans le cours de la nuit. — Je n'ose pas, dit-elle, madame est jalouse ; elle veut bien que l'on me voie, mais elle ne veut pas que l'on me touche, il faut que tout tourne à son profit. — Mais, ma belle, elle doit en avoir assez. — Assez ! vous ne la connoissez pas. — Ma foi ! lui parlera qui voudra, moi, je suis muet pour elle ; mais je sens, ma bonne amie, que j'aurois encore bien des choses à te dire. Eh ! bien..... — Eh bien ? — Couchez-vous et restez tranquille , je tâcherai d'aller vous trouver. — Tu le promets ? — Je le promets. — Ta parole. — En voici le gage ; alors elle appuya sa bouche vermeille sur la mienne, et me donna un baiser qui passa jusqu'à mon cœur.

Madame de Senneville rentra ;

nous prîmes quelques liqueurs, et, après nous être promis de renouveler souvent la scène qui venoit de se passer, elle appela un domestique qui me conduisit à la chambre qui m'étoit destinée, où je ne tardai pas à trouver, dans un sommeil profond, la réparation de mes forces.

FIN DU PREMIER VOLUME.